**Terry el Trepador
y el pequeño oso**

Escrito por Tali Carmi
Ilustrado por Mindy Liang

Obsequios y juegos educativos en línea gratuitos
están disponibles en mi sitio web.
www.thekidsbooks.com
¡Disfrutar!

Terry el Trepador y el pequeño oso
Tali Carmi

Copyright © 2015 por Tali Carmi

Todos los derechos reservados.
Ninguna parte de este libro puede ser utilizada
o reproducida de ninguna forma
sin la autorización firmada y por escrito del autor,
a excepción de su inclusión como cita
o referencia en algún artículo o crítica.

Primera Edición - 06/2015

Información del contacto:

Website: www.thekidsbooks.com
Twitter: tbcarmi
Facebook: Tali.Carmi.Author
LinkedIn: Tali Carmi
email: tcarmi@naharsite.com

ISBN 978-965-7724-25-5

Terry el Trepador
y el pequeño oso

Escrito por **Tali Carmi**

Terry estaba sentado tranquilamente en su casa del árbol; el sol brillaba cálidamente después de la llovizna de ayer. Observó las hojas frescas y tiernas de su árbol y vio como un caracol de tierra subía lentamente por una rama cercana a él.

Después del largo invierno, el mundo parecía cobrar vida nuevamente.

De pronto escuchó un ruido familiar: "Cucú- cucú". Volteó hacia arriba del árbol y vio a dos pájaros cucú. Los pájaros cucú son los que anuncian la llegada de la primavera, recordó Terry. ¿Acaso es posible que ya sea primavera? No estaba muy seguro y siguió buscando por ahí otras señales de la primavera.

Terry se sintió como detective mientras miraba los alrededores buscando más pistas de la estación entrante. Miró hacia abajo del árbol y vio unas violetas creciendo en su jardín, y entonces estuvo seguro, ¡la primavera ya había llegado!.

Comenzó a saltar hacia arriba y abajo con alegría y cantó para sí una pequeña canción:

"21 de marzo, ¡de la primavera es el primer día!

Y muchas cosas maravillosas sucederán este día.

Hoy el día y la noche iguales serán

y tengo ganas de rimar al cantar".

Y después sucedió la cosa más maravillosa. Un joven osezno se asomó por detrás de un árbol al final del jardín. Terry recordó que los osos nacen en el invierno, pero en la primavera, la mamá y los oseznos salen a explorar los alrededores, a encontrar comida y a aprender habilidades de supervivencia.

El pequeño osezno le recordaba a sí mismo, después de todo los dos eran excelentes trepadores de árboles, siempre en búsqueda de nuevas aventuras y a los dos les gustaba jugar afuera. Terry llamó al osezno Barry. "Hola Barry, ¿quieres jugar conmigo?", le preguntó Terry mientras lo saludaba con la mano. Barry miró hacia arriba con curiosidad y le contestó con unos pequeños susurros.

Era su primera salida de la madriguera y todo se veía nuevo y sorprendente. Estaba hambriento y quería buscar comida pero en cuanto vio a Terry mecerse en su columpio, se le olvidó todo acerca de la comida y trepó para poder divertirse. Comenzó a mecerse mientras intentaba equilibrarse, disfrutando de la nueva aventura. Terry reía alegremente.

Terry estaba a punto de brincar desde su casa del árbol y unirse a Barry en el columpio. Tenía muchas ideas de cosas divertidas que podían hacer juntos y pensó en lo divertido que sería tener a Barry jugando en su casa del árbol.

Pero entonces, otra sorpresa apareció en el jardín. Un oso grande de color café.

La mamá osa estaba siguiendo a su osezno y cuidándolo. Mientras que Barry se veía tierno y pequeño, su mamá era grande y para nada se veía divertida. Barry estaba susurrando y su mamá estaba gruñéndole, llamándolo para que regresara al bosque en donde estarían más seguros.

Aunque quería jugar, Barry escuchó a su mamá. Se bajó del columpio y la siguió de regreso al bosque.

Terry se entristeció de ver a su nuevo amigo partir, sin haber tenido oportunidad de jugar con él, pero entonces escuchó un ruido terrible. Le pareció que era la mamá del oso pidiendo ayuda.

De un brinco Terry se bajo del árbol y caminó siguiendo las huellas de los osos. Después de caminar un poco vio lo que sucedió. Barry se cayó en un hoyo que alguien escabó en el bosque. Y aunque Barry trepaba muy bien, las paredes del hoyo eran altas y resbalosas y no podía trepar.

Y Terry era tan pequeño que no había modo en que él se metiera al hoyo y ayudara a Barry. Necesitaba algo o a alguien que le ayudara a jalar al osezno fuera del hoyo, pero era muy temprano y no había quien lo ayudara. Entonces tuvo una idea.

Terry corrió a su jardín; había una escalera recargada en la casa del árbol. Tenía esa escalera por si llegaban sus amigos. Terry era un estupendo trepador y le gustaba treparse a los árboles, por eso es que todos lo llamaban Terry el Trepador, pero sus amigos siempre usaban la escalera.

Terry tomó la escalera y regresó de prisa al bosque. La mamá oso estaba caminando en círculos alrededor del hoyo y Barry estaba parado adentro, tristemente buscando ayuda. Terry deslizó la escalera dentro del hoyo y se escondió atrás de los árboles. No le tomó mucho tiempo a Barry probar este nuevo juguete. Se olvidó de su problema del hoyo y comenzó a subir y bajar por la escalera.

¡Y de pronto comprendió! Trepó por toda la escalera hasta que salió del hoyo. La mamá oso estaba feliz de ver a su bebé a salvo. No supo de dónde había salido la escalera. Después vio a Terry a la distancia y supo que ese niño pequeño había salvado a su osezno.

Ahora la mamá oso aprendió algo nuevo. Mientras que las personas adultas pueden ser peligrosas, los niños son de confianza. Miró con gratitud a Terry y él la miró con alegría.

Terry se dio cuenta de que no tuvo oportunidad de jugar con Barry pero a cambio, salvó su vida y eso lo puso feliz y orgulloso.

¿Y Barry? Barry ya estaba trepándose a un árbol, buscando nuevas aventuras. Terry lo retó a subir a lo alto del árbol más cercano y llegaron a la cima al mismo tiempo. "De ahora en adelante te llamaré Barry el Trepador, ya que al igual que yo, te gusta treparte a los árboles", le dijo Terry a Barry desde lo alto de un árbol y se despidió de su nuevo amigo.

¡Gracias!

¡Gracias por comprar este libro!
Usted es bienvenido a visitar mi sitio web,
juegue juegos educativos en línea gratis y descargue regalos gratis.

¡Disfrutar!
www.thekidsbooks.com

Más libros en la serie **Terry el Trepador**

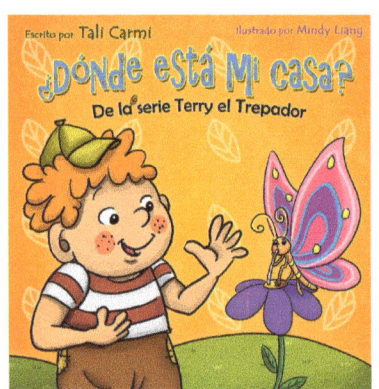
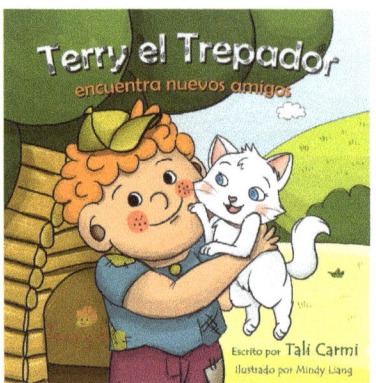
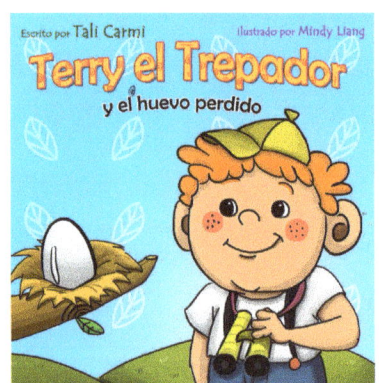
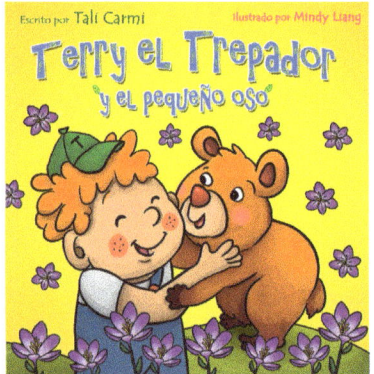
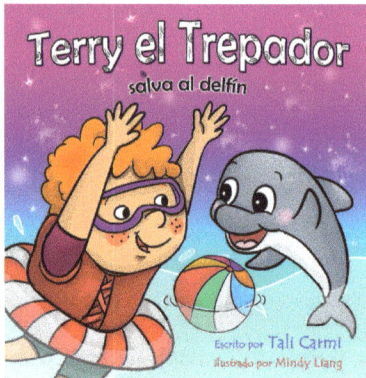

www.ingramcontent.com/pod-product-compliance
Lightning Source LLC
Chambersburg PA
CBHW062024050526
44107CB00105B/882